ture

les arbres

Holger Haag • Sonia Schadwinkel

CHANTECLER

Important :
Toutes les informations contenues dans cet ouvrage sont données en toute bonne foi. Il reste néanmoins nécessaire de les traiter avec le plus grand soin. L'auteur et l'éditeur déclinent toute responsabilité pour les dommages causés aux personnes ou aux biens, qui auraient été occasionnés à la suite de l'utilisation des méthodes et matériaux décrits.

Original title : *Mein erstes Welcher Baum ist das ?* (Haag/Schadwinkel)

Cette édition par Chantecler, Belgique-France
Traduction française : Francis Grembert
Imprimé en Belgique.

D-MMXI-0001-365

Sommaire

Quel arbre est-ce ?
Tous les arbres de ce guide sont classés d'après la forme de leurs feuilles. Nous avons utilisé cinq couleurs correspondant à cinq formes de feuilles.

Introduction

Cher ami, chère amie des arbres !

Dans ce livre, tu trouveras 50 espèces d'arbres et d'arbustes les plus répandus dans nos régions. Ils poussent dans les forêts, les haies, en bordure de champ, dans les jardins et les parcs. Certains ne croissent que près de l'eau, d'autres se plaisent davantage en ville. Beaucoup d'arbres se distinguent par leur magnifique floraison, d'autres ont des feuilles aux formes facilement reconnaissables, la plupart ont des fruits typiques qui permettent aisément de les identifier.

La **bande colorée** en haut de chaque page t'aidera à trouver les différentes espèces d'arbres et d'arbustes. Les différentes couleurs correspondent à la forme des feuilles.

Pour chacun de ces symboles de feuilles, tu trouveras différents exemples d'espèces.

Sur chaque page, tu trouveras aussi les symboles suivants :

Le texte qui suit le symbole des cerises t'explique les principales caractéristiques de l'arbre : couleur et forme des feuilles, fleurs et fruits ou particularités de l'écorce et des branches.

À côté de ce symbole, tu pourras apprendre où pousse l'arbre décrit. En lisière de forêt ou sur sol humide ? Est-ce un habitué des parcs ou pousse-t-il en haie ?

Le dessin principal te montre les caractéristiques les plus remarquables de la plante. Les petites notes accompagnant le dessin sont là pour te signaler les signes distinctifs. Pour certaines espèces, des dessins ou photos supplémentaires te signaleront des particularités propres à l'arbre.

Les encadrés orange intitulés « Le savais-tu ? » contiennent les informations les plus intéressantes, et parfois les plus surprenantes, sur les arbres et les arbustes. Les encadrés intitulés « Coup de projecteur ! » et « Travaux pratiques ! » donnent des conseils pour faciliter l'observation et pour entreprendre de petites réalisations ludiques. La tête de mort sert de mise en garde contre les plantes très toxiques, que tu ne dois jamais porter à la bouche. Si tu as touché une de ces plantes, lave-toi les mains.

Danger !
De manière générale, il ne faut jamais porter à la bouche des plantes sauvages et encore moins les manger. De nombreuses plantes, même si elles ne sont pas accompagnées par une tête de mort dans ce livre, ne sont pas comestibles et même légèrement toxiques.

Introduction

Les fruits de certains arbres et arbustes sont comestibles. De même, les feuilles ou fleurs de certaines espèces peuvent produire de délicieuses infusions. Mais auparavant tu dois toujours montrer la plante à un adulte qui s'y connaît pour lui demander l'autorisation.

Arbre ou arbuste ?

Il n'est pas toujours facile de faire la différence. C'est pourquoi ce livre inclut quelques-uns des arbustes les plus répandus. Tant d'arbustes ressemblent à de petits arbres ! Inversement, un arbre de petite taille peut être confondu avec un arbuste, surtout en ville ou dans un jardin quand il a été taillé. Un arbre typique, par exemple un hêtre, possède un tronc principal, long et rigide. A partir de celui-ci les branches latérales et les rameaux porteurs de feuilles forment le houppier.

Hêtre

Noisetier

Un arbuste comme le noisetier a en revanche plusieurs troncs de diamètre équivalent et prend de l'ampleur à partir de nouvelles pousses à la base.

Pour pouvoir reconnaître les arbres et les arbustes, ce livre est amplement suffisant. Il te faudra éventuellement une petite loupe pour reconnaître certains détails caractéristiques.

Pour te familiariser au monde des plantes, tu peux te confectionner un herbier. Quand tu as identifié un arbre, prélève une feuille typique, pose-la entre deux feuilles de journal et insère-la dans un livre épais pour l'aplatir. Au bout d'une semaine, la feuille sera devenue sèche et tu pourras la coller sur une feuille de papier blanc. Note à côté le nom de la plante, le lieu et la date à laquelle tu l'as trouvée. Prends des feuilles à différentes saisons : printemps, été et automne. Les feuilles changent légèrement d'aspect tout au long de l'année. Certaines ont par exemple de nombreuses petites soies, qu'elles perdent en été. Tu peux également cueillir les fleurs et les fruits, les sécher et les coller (attention aux espèces toxiques !). Si ces fleurs ou fruits sont de grande taille, ce sera bien sûr difficile. Dans ce cas, il est plus simple de les photographier et de coller la photo à côté des feuilles.

En ville et dans les parcs, tu trouveras la plupart des arbres et arbustes décrits dans ce livre. Mais les espèces exotiques, originaires d'Amérique du Nord ou d'Asie, ne sont pas répertoriées dans ces pages.

Il est temps maintenant d'aller voir la nature, pour s'instruire… et pour se détendre aussi.

Amuse-toi bien !

Hêtre pourpre

fleurit en avril-mai
et atteint 40 m de haut

Le savais-tu ?

Les hêtres sont de gigantesques producteurs d'oxygène. Un arbre compte environ 200 000 feuilles. Au cours d'une journée bien ensoleillée, ses feuilles produisent l'oxygène nécessaire à environ 50 personnes. L'arbre a besoin de 400 litres d'eau par jour.

Les feuilles ovales aux bords ondulés sont légèrement recouvertes de soie au printemps. Elles deviennent ensuite lisses et luisantes. L'écorce du tronc est grise, lisse et luisante. Les fruits, les faines, ont une forme conique. Elles ont un goût proche de la noisette et sont mangées par de nombreux animaux (souris, écureuils, pinsons, etc). Mais tu ne dois pas en manger trop car elles sont légèrement toxiques.

Faines entourées d'une cupule hérissée

Le hêtre pourpre est l'arbre le plus répandu de nos forêts. On le trouve partout, des plaines aux montagnes.

Bourdaine

légèrement toxique

fleurit en avril-août et atteint 5 m de haut

Ce petit arbre, ou arbuste, a de larges feuilles ovales à l'extrémité arrondie. Son écorce a une odeur désagréable. Les petites fleurs, blanc-vert, en forme de clochettes, sont sans éclat. Il arrive qu'elles fleurissent encore alors que l'arbre porte déjà ses fruits rouge-noir. Ceux-ci étaient jadis utilisés pour la fabrication de teinture jaune. Ils sont toxiques : ne les mange surtout pas.

Le savais-tu ?

La bourdaine est également appelée « bois à poudre ». Autrefois, ce bois était très recherché car le charbon de bois qu'il produisait servait à la fabrication de poudre à canon.

Les canons étaient mis à feu avec de la poudre.

On trouve surtout la bourdaine en lisière de forêt, dans les haies et les forêts alluviales. Elle aime les sols humides et pauvres.

Cornouiller mâle

fleurit en février-avril et atteint 6 m de haut

Avec ses fleurs jaunes, ce petit arbre est un des premiers annonciateurs du printemps. Les feuilles ovales ne poussent qu'après la floraison. Sur les feuilles, tu peux remarquer de six à dix nervures courbées. Les fruits rouges, doux-amers, sont mûrs dès le mois d'août et ont un gros noyau.

Le savais-tu ?

Le bois du cornouiller est particulièrement dur, lourd et résistant. Les Grecs et les Romains le savaient déjà et l'utilisaient, notamment pour leurs armes. Ils en faisaient d'excellentes lances. Les arcs d'Ulysse étaient également en bois de cornouiller.

Le cornouiller est originaire du sud-est de l'Europe, mais on le plante aussi dans nos régions pour ses fruits. Dans ce cas, il préfère les endroits ensoleillés. On le trouve en lisière de forêt, dans les haies et sur les pentes sèches. Les jardins et les parcs l'accueillent volontiers.

Le savais-tu ?

Contrairement aux feuilles légèrement toxiques et à l'écorce très toxique, les fruits noirs, de la taille d'un pois, sont comestibles. Mais comme ils sont amers, ils conviennent plutôt aux confitures. Nous te conseillons de les laisser aux oiseaux.

Cornouiller sanguin

légèrement toxique

fleurit en mai-juin et atteint 2 à 5 m de haut

Le cornouiller sanguin doit son nom à la teinte automnale de ses feuilles et à la couleur rouge de ses jeunes rameaux, surtout visibles en hiver. Les feuilles ressemblent à celles du cornouiller, mais leur bord est ondulé. En mai apparaissent des fleurs blanches très odorantes.

Cette espèce est très répandue. On la trouve en lisière de forêt, dans les haies, les buissons et les forêts clairsemées.

Poirier

fleurit en avril-mai et atteint 20 m de haut

Les feuilles du poirier sont lisses, très finement dentées, ont de petites soies sur la face inférieure et sont plus luisantes que celles du pommier.

Les fleurs sont blanches et ont cinq pétales. Comme pour le pommier, les variétés sont nombreuses.

Le savais-tu ?

Si tu joues de la flûte, tu as peut-être du bois de poirier entre les mains. Il a en effet des qualités acoustiques appréciées.

Ce bois est aussi très prisé pour les meubles.

La plupart des poiriers sont cantonnés aux jardins et aux vergers. Mais il existe une espèce sauvage qui pousse dans les forêts de feuillus.

Saule marsault

fleurit en mars-mai et atteint 18 m de haut

Les feuilles de saule ont des formes très variées : étroites et longues ou rondes et ovales. La face supérieure est ridée tandis que la face inférieure est douce, grise et feutrée.

Coup de projecteur !

La floraison précoce du saule marsault en fait un hôte privilégié des abeilles, qui viennent s'y servir en nectar et en pollen. On peut également y trouver les premières chenilles de l'année, telles que le citron ou la vanesse de l'ortie.

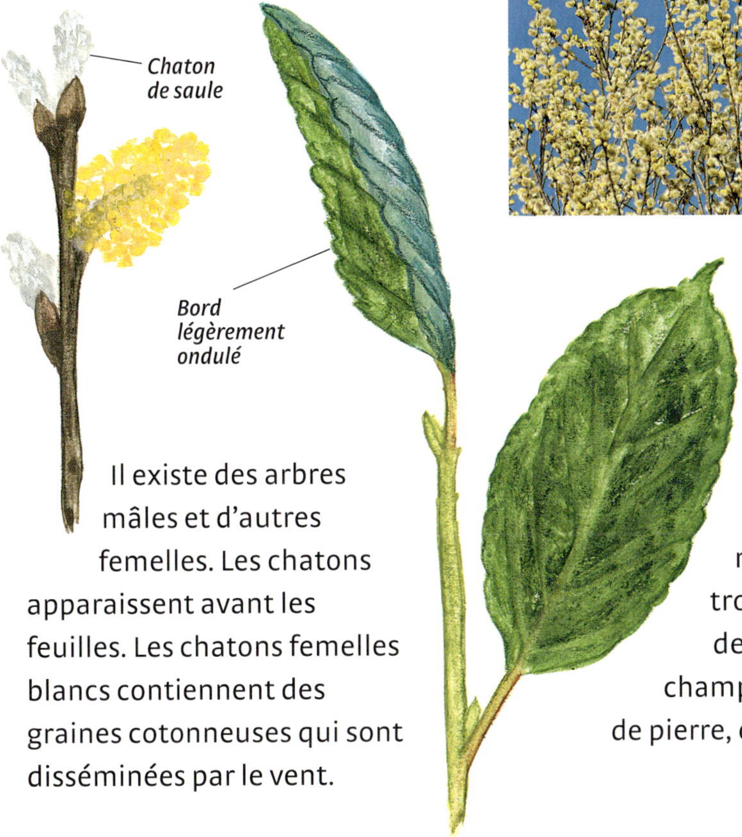

Il existe des arbres mâles et d'autres femelles. Les chatons apparaissent avant les feuilles. Les chatons femelles blancs contiennent des graines cotonneuses qui sont disséminées par le vent.

Le saule marsault est une plante pionnière ; il colonise rapidement les espaces non utilisés. On le trouve sur les bords des chemins ou des champs, près des ponts de pierre, dans les sablières ou les clairières.

Saule argenté, ou osier

fleurit en avril-mai et atteint 25 m de haut

Les longues feuilles étroites sont couvertes de fines soies courtes sur leur face inférieure. Leurs faces inférieures sont argentées, d'où le nom de l'arbre. Certains arbres sont mâles, d'autres femelles. Les chatons apparaissent avant ou en même temps que les feuilles. Les graines légères, couvertes de duvet soyeux, sont disséminées par le vent.

Cette espèce commune a une préférence pour les forêts alluviales, les berges de ruisseaux et de rivières, et les rives d'étangs.

Travaux pratiques !

Les fins rameaux en forme de cannes sont utilisés pour la confection de paniers. C'est pour cette raison qu'on les taille régulièrement. Les saules têtards sont souvent plantés le long des fossés et des ruisseaux pour consolider les berges. Si tu prélèves quelques fins rameaux, tu pourras peut-être tresser un petit objet et faire tes premiers pas en vannerie.

Les rameaux des saules têtards servent à la confection de paniers.

Saule fragile

fleurit en mars-avril et atteint 25 m de haut

Les jeunes rameaux se cassent facilement, ce qui explique le nom de l'arbre. Les feuilles sont semblables à celles du saule argenté, mais glabres (non couvertes de soies). Elles ont une forme lancéolée.
Il existe des fleurs mâles et des fleurs femelles.

Le savais-tu ?

Les anciens Grecs savaient déjà que l'écorce de saule contenait un composant capable de calmer la douleur et de faire tomber la fièvre. Cette substance, l'acide acétylsalicylique, est contenue aujourd'hui dans l'aspirine.

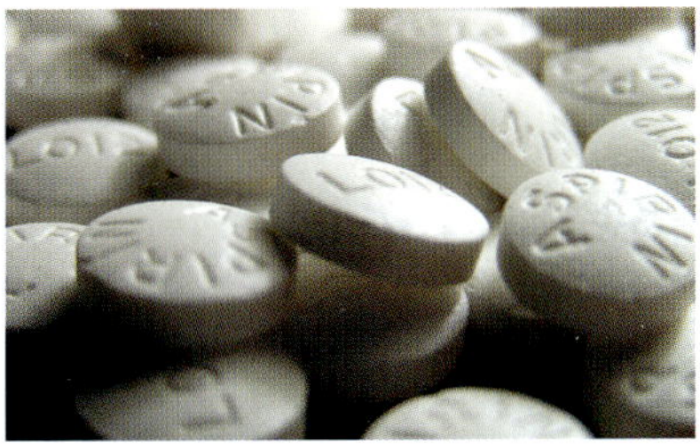

L'aspirine contient des extraits d'écorce de saule.

Le saule fragile pousse en priorité sur les sols très humides, qui peuvent être régulièrement inondés. En plaine et en montagne, on le trouve sur les berges de ruisseaux et de rivières, ainsi qu'au bord des étangs.

Fusain d'Europe

très toxique

fleurit en mai-juin et atteint 2 à 6 m de haut

Cet arbuste possède de longues feuilles dont les bords sont très finement dentés. Les fleurs blanches ont quatre pétales disposés en croix.

Fleur en forme de croix

Quand arrive l'automne, on remarque particulièrement les fruits du fusain d'Europe. Les capsules rouges laissent alors voir leurs graines orange. On les appelle parfois « bonnets d'évêque ».

Le savais-tu ?

Sois prudent ! Toutes les parties du fusain d'Europe sont très toxiques pour l'homme. Les oiseaux, en revanche, mangent ses graines en hiver sans problème.

Le savais-tu ?

Autrefois, il servait à fabriquer des fuseaux de rouet pour le filage de la laine. Son nom vient de cette utilisation. On en faisait aussi des aiguilles à tricoter.

Le fusain d'Europe pousse en haies et en bosquets buissonnants, mais on le voit surtout dans les forêts alluviales. On le plante également dans les parcs et les jardins, pour la beauté de ses fruits.

Prunellier, ou épine noire

fleurit en mars-avril et atteint 1 à 4 m de haut

Le savais-tu ?

Autrefois, on utilisait ses branches fortement ramifiées pour l'exploitation du sel. Dans les salines, on construisait des parois en branches de prunelliers dont les branches étaient empilées les unes contre les autres. L'eau saline était pompée dans des réservoirs au-dessus des bâtiments de graduation. Elle s'évaporait sous l'action du soleil et du vent et sa teneur en sel augmentait.

Au printemps, le prunellier est un des premiers arbustes à se couvrir de fleurs blanches. Ces fleurs apparaissent bien avant les feuilles. Les épines protègent l'arbuste de la convoitise des chevreuils, des vaches ou des moutons. En automne apparaissent les fruits bleus, sous forme de petites boules. Mais il faut attendre la première gelée pour qu'elles deviennent comestibles.

Le prunellier pousse surtout dans les bosquets et les haies, ainsi qu'en lisière de forêt. Comme il attire de nombreux insectes utiles et qu'il procure un abri sûr à d'autres animaux, on le plante dans les parcs et les jardins sauvages.

Prunier

fleurit en avril-mai et atteint 5 à 10 m de haut

Le savais-tu ?

Il existe de nombreuses variétés de pruniers. Leurs fruits se différencient par leur forme et leur couleur, comme la mirabelle jaune et la reine-claude rougeâtre.

Mirabelle

Les prunes, de couleur bleue pour de nombreuses variétés, sont facilement reconnaissables en été ou en automne. Le prunier se couvre au printemps de fleurs blanches, un peu avant l'apparition des feuilles. Celles-ci sont ovales, avec un bord finement denté. Leur face inférieure est couverte d'un duvet dense. Les branches peuvent être garnies de petites épines.

Le prunier pousse dans les jardins et les vergers.

Merisier à grappes

fleurit en avril-mai et atteint 10 à 15 m de haut

Ses feuilles ressemblent fortement à celles du cerisier, mais leur vert est plus mat et leur surface plus rêche. Par contre, les fleurs sont très différentes. Elles pendent en grappes blanches et épaisses, tout comme les fruits noir-rouge en automne. Les petites cerises sont malheureusement très aigres et peu savoureuses.

Coup de projecteur !

En juin, on trouve facilement des merisiers recouverts d'un réseau de toile ouatée. Il ne s'agit pas d'une maladie de l'arbre, mais du signe de présence d'un animal. Ceci est l'œuvre de la chenille d'hyponomeute. Elle tisse une fine toile autour des branches pour se protéger des prédateurs et pouvoir faire son cocon en toute tranquillité.

Cocons d'hyponomeutes

Le merisier à grappes aime les sols humides, voire détrempés, par exemple les forêts alluviales, les berges des ruisseaux ou la lisière de forêt humide.

Cerisier des oiseaux,

« cerisier sauvage » ou « merisier »

fleurit en avril-mai et atteint 25 m de haut

Les fruits sucrés du cerisier de nos jardins sont connus de tous. Ceux de l'espèce sauvage, le cerisier des oiseaux, sont plus petits et plus amers. Les fleurs blanches, à cinq pétales, et les longues feuilles ovales sont identiques chez les deux espèces. La floraison apparaît avant le feuillage. L'écorce est rouge-brun et luisante.

Travaux pratiques !

Tu peux organiser des concours pour cracher des noyaux, mais tu peux aussi les laver et les chauffer. Placés dans un sac, ils peuvent servir de coussin chauffant ou de bouillotte. Tu peux également les mettre à disposition des oiseaux granivores dans ton jardin en hiver.

Gros-bec casse-noyaux

Le cerisier sauvage pousse en lisière de forêt, dans les bosquets champêtres et les forêts de feuillus clairsemées.

Le savais-tu ?

Sais-tu ce qu'est un pomologue ? C'est un expert en pommes. Les pommes que l'on trouve au supermarché ne sont qu'une infime partie des variétés existantes. Environ 20 000 variétés ont actuellement vu le jour. Un pomologue les classe selon la couleur, le goût, la forme du trognon et le lieu de culture.

Les variétés de pommes se distinguent facilement au premier coup d'œil.

Pommier

fleurit en avril-mai et atteint 6 à 10 m de haut

Les grosses fleurs rose-blanc sont particulièrement attrayantes au printemps. À l'automne, les fruits luisants, verts ou rouges, attirent l'œil. Les feuilles sont ovales, avec une extrémité pointue. La face inférieure est couverte de soies denses et les bords sont dentés.

La plupart des pommiers poussent dans les jardins et les vergers. On les cultive pour leurs fruits, évidemment. Dans les forêts de feuillus clairsemées, on trouve parfois des pommiers sauvages, qui se distinguent surtout au moment de la floraison.

Orme de montagne

fleurit en février-avril et atteint 30 m de haut

Le savais-tu ?

Il y a environ un siècle, une cargaison de bois en provenance d'Asie a introduit en Europe un dangereux champignon, qui a fait périr de nombreux ormes. L'orme de montagne a particulièrement été touché. Aujourd'hui encore, les conséquences sont visibles : cette espèce s'est raréfiée.

Les feuilles d'orme se reconnaissent facilement, car elles sont décalées à leur base. Les feuilles ovales de l'orme de montagne sont élargies à leur sommet et ont souvent trois pointes. La face supérieure est assez rêche. Les fleurs sont sans éclat et apparaissent au printemps longtemps avant les feuilles.

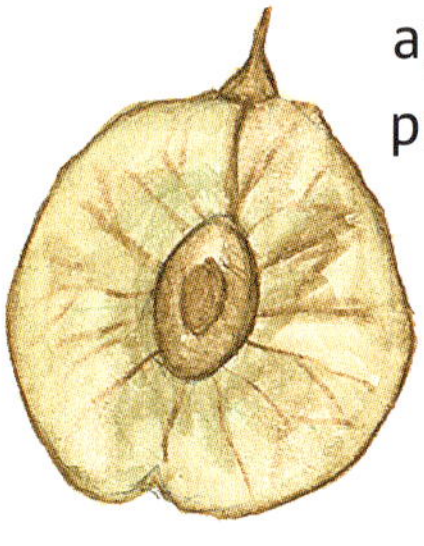

Les graines, entourées d'une aile membrane en forme de disque, peuvent être disséminées très loin par le vent.

Comme son nom l'indique, l'orme de montagne pousse surtout en montagne moyenne, dans des forêts ombragées.

Orme champêtre

fleurit en mars-avril et atteint 35 m de haut

Les feuilles de l'orme champêtre ont des formes et des tailles variées. Les feuilles typiques sont longues et ovales, nettement dissymétriques et luisantes. Sur la face inférieure, un duvet blanc recouvre les nervures. Les fleurs regroupées en grappes apparaissent longtemps avant les feuilles. Les fruits sont semblables à ceux de l'orme de montagne.

L'orme champêtre pousse dans les forêts alluviales, aux lisières ensoleillées des forêts et dans les bosquets champêtres. On le trouve parfois dans les parcs.

Le savais-tu ?

Autrefois, les feuilles d'orme ou de frêne servaient de fourrage pour les vaches, les chèvres ou les moutons. On coupait les rameaux sur l'arbre, on les séchait et on les donnait ensuite au bétail. Les arbres ainsi régulièrement taillés prenaient au fil du temps une forme caractéristique.

Arbre taillé

Tilleul à petites feuilles

fleurit en juin-juillet et atteint 25 à 30 m de haut

Le savais-tu ?

En été, le tilleul n'est pas très apprécié des automobilistes. Si on se gare le soir sous un tilleul, il n'est pas rare que le lendemain la voiture soit couverte d'une couche visqueuse et collante. L'arbre est en effet rempli de pucerons, dont les trompes sucent les feuilles puis rejettent une partie de la sève avalée sous forme d'un miellat collant.

Le somptueux tilleul à petites feuilles peut vivre plus de 1 000 ans. Ses feuilles sont en forme de cœur avec une petite pointe. Sur la face inférieure, on observe un duvet brun aux nervures.

Les fleurs de petites tailles sont accompagnées de bractées vert pâle, qui deviennent brunes par la suite. En automne, elles aident le fruit à se propager.

Le tilleul pousse de façon dispersée dans les forêts de feuillus, les parcs et le long des chaussées.

Tilleul à grandes feuilles

fleurit en juin et atteint 35 m de haut

Contrairement au tilleul à petites feuilles, les aisselles des nervures sur la face inférieure des feuilles sont couvertes de duvet blanc. Les feuilles en forme de cœur sont plus grandes. La floraison est semblable chez les deux espèces, mais le tilleul à grandes feuilles offre plus de fleurs uniques.

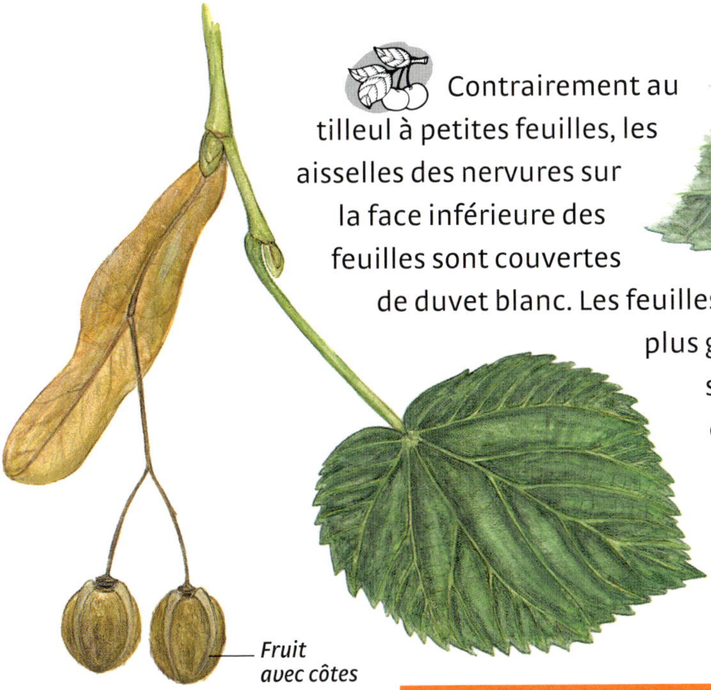

Le tilleul est un arbre d'ombre des forêts de feuillus. C'est un hôte habituel des parcs et des bords de chaussées. On l'apprécie en effet pour sa taille généreuse et imposante.

Le savais-tu ?

Chez les Germains, le tilleul avait une signification particulière. C'était un arbre sacré, dédié à la déesse Frigga. Chaque village en avait un en son centre. Des fêtes et des rassemblements s'y tenaient. On s'y réunissait également pour rendre la justice. Aujourd'hui encore, on trouve des villages ayant un énorme tilleul en leur centre.

Alisier blanc

fleurit en mai-juin et atteint 5 à 20 m de haut

L'alisier blanc est un petit arbre, ou arbuste, ordinaire. La face inférieure des grandes feuilles ovales est couverte de duvet argenté. Les fleurs sont regroupées en corymbes. Les fruits rouges ont deux noyaux. Ils sont farineux et sans grande saveur. Ils ne peuvent être mangés qu'après les premières gelées ou en les cuisant, sinon gare aux maux d'estomac.

Le savais-tu ?

Autrefois, dans les périodes de disette, les fruits farineux de l'alisier étaient broyés pour obtenir de la farine. On ajoutait celle-ci à la farine de blé pour faire le pain. Aujourd'hui, ce sont les oiseaux qui s'en régalent. Les fruits rouges restent sur l'arbre jusque tard dans l'hiver.

L'alisier blanc aime le soleil. Il pousse en lisière de forêt ou dans les forêts clairsemées. On le plante également volontiers dans les parcs et les jardins.

Noisetier

fleurit en février-avril et atteint 2 à 6 m de haut

Le noisetier est un arbuste typique, aux troncs multiples. Les feuilles sont rondes, légèrement ovales et un peu duveteuses. Sur la face inférieure, les nervures sont nettement visibles. Le bord est denté de façon irrégulière. L'arbre fleurit tôt dans l'année, bien avant la pousse des feuilles. En août-septembre, les délicieuses noisettes mûrissent. Elles sont entourées d'une coque très dure.

Le savais-tu ?

Malgré la rigidité de la coque, un charançon appelé le balanin des noisettes parvient à pénétrer dans le fruit. Il perce un trou dans la noisette encore jeune et y pond un œuf. Quand la larve a dévoré le fruit, elle sort de la coque et tombe au sol où elle devient un insecte. C'est une branche de noisetier taillée en fourche que l'on utilise pour détecter l'eau souterraine. Chez les Germains, le noisetier était l'arbre de Thor, dieu du tonnerre, et ne pouvait donc pas être abattu.

Le noisetier est très répandu, aussi bien en lisière de forêt qu'en zone buissonnante, en haies et sur les berges des ruisseaux. On le plante souvent dans les parcs et les jardins en raison de ses savoureuses noisettes.

Charme

fleurit en avril-mai et atteint 25 à 30 m de haut

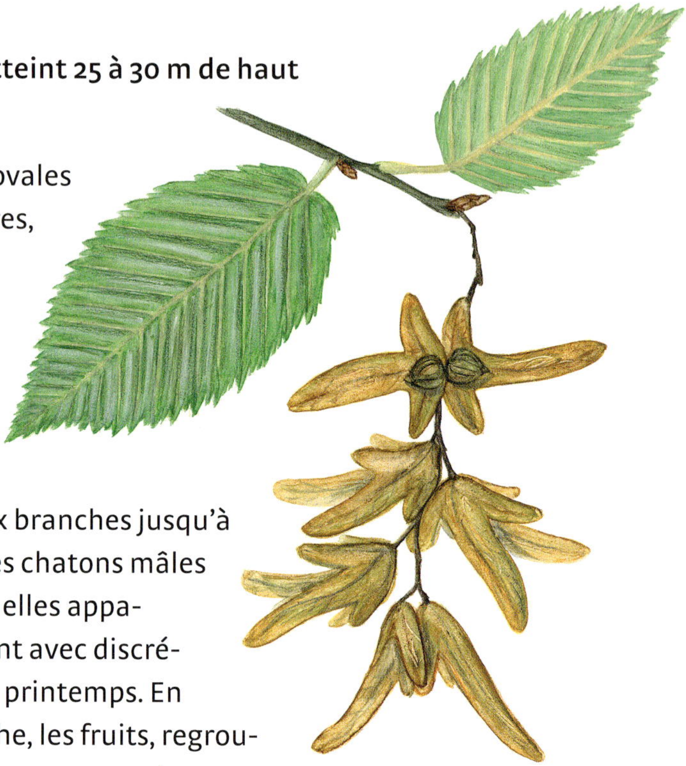

Les feuilles sont ovales et pointues. Aux nervures, la feuille est légèrement repliée, comme du carton ondulé. À l'automne, les feuilles jaunies ne tombent pas, mais restent accrochées aux branches jusqu'à l'hiver. Les chatons mâles et femelles apparaissent avec discrétion au printemps. En revanche, les fruits, regroupés en grappes pendantes, sont faciles à reconnaître.

Graine avec ailes

Le savais-tu ?

Le bois clair du charme est, après celui du sorbier, le plus dur et le plus lourd de tous les bois. Il reste cependant flexible et souple. Ces caractéristiques font qu'on l'utilise souvent pour les manches d'outils, les rabots, les marteaux, les maillets et les mécanismes de machines en bois.

Le charme est un habitué de nos forêts de feuillus. Dans les parcs et les jardins, il est également très présent. Comme il se laisse facilement tailler, on le plante souvent en haies.

Le savais-tu ?

Les racines de l'aulne forment des nodosités où se fixe un champignon. L'arbre le nourrit et, en contrepartie, ce champignon lui fournit de l'humus. Cette association où chacun des deux organismes profite de l'autre est appelée « symbiose ». C'est une forme de collaboration assez commune dans la nature.

Aulne glutineux

fleurit en mars-avril et atteint 25 m de haut

Les feuilles vert sombre sont rondes, avec un petit creux à l'extrémité. Elles ne changent pas de couleur quand elles tombent de l'arbre en automne. De deux à quatre semaines avant l'apparition des feuilles, l'arbre se couvre de chatons mâles et femelles. Les fruits ressemblent à de petites pommes de pin et restent sur l'arbre tout l'hiver.

L'aulne glutineux pousse sur les sols humides (berges de ruisseaux, rives d'étangs). Il peut également rester de nombreuses semaines dans l'eau.

Peuplier noir

fleurit en mars-avril et atteint 25 m de haut

Le savais-tu ?

Devenu rare, le peuplier noir fait désormais partie de la liste rouge des espèces menacées. Aujourd'hui, il est remplacé par un cultivar, qui est un croisement entre le peuplier noir canadien et le peuplier noir américain. Ce cultivar est plus robuste et pousse plus rapidement, d'où son succès. Également répandu : le cultivar dit « peuplier-pyramide » qui pousse tout en longueur. On l'appelle aussi peuplier italien ou peuplier d'Italie.

Peupliers-pyramides

Les feuilles vert foncé luisantes, en triangle, ont un long pétiole. Il existe des arbres mâles et des arbres femelles, dont les chatons poussent avant les feuilles. Les fruits pendent à des filaments argentés cotonneux, qui tombent en mai.

Le peuplier noir pousse le long des ruisseaux et des étangs. Les racines supportent d'être temporairement immergées.

Bouleau verruqueux

fleurit en mars-mai et atteint 25 m de haut

Le bouleau verruqueux a de longues et fines branches retombantes. Les feuilles relativement petites sont ovoïdes ou triangulaires. L’écorce blanche est typique. Elle se laisse détacher du tronc en longues bandes fines comme du papier. Les fruits en forme de cônes allongés sont disséminés au loin par le vent.

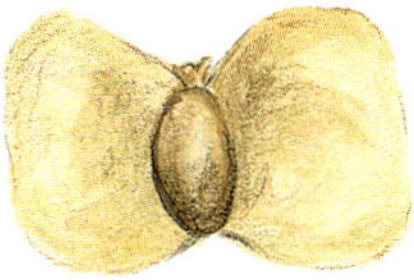

Le bouleau verruqueux est très répandu (terrain sableux, landes et zones marécageuses, sablières, terres en friche, bosquets champêtres et lisières de forêt). Pour pousser, il a besoin de beaucoup de lumière.

Le savais-tu ?

Le bouleau connaît de nombreux usages. Les fins rameaux servent à la confection de balais. Au printemps, on entaille le tronc pour récolter la résine montante, qui entre dans la composition de médicaments et de cosmétiques. Autrefois, on fabriquait du brai, un type de colle, à partir de l’écorce.

Châtaignier

fleurit en juin-juillet et atteint 35 m de haut

Les feuilles allongées, pouvant atteindre 30 cm de long, sont nettement dentées. Elles ont l'aspect du cuir et sont luisantes. Les chatons vert clair sont très longs (15 cm). Les fruits sont mûrs en septembre-octobre. Les châtaignes comestibles, souvent appelées marrons, sont entourées d'une bogue épineuse.

Le savais-tu ?

On suppose que les délicieuses châtaignes ont été importées par les Romains dans nos régions car elles constituaient à l'époque une source de nourriture importante. Mais ce n'est pas la seule plante que l'on doit aux Romains. La vigne, les noyers, les pruniers, les pommiers, les cognassiers et les poiriers ont la même origine. Ils viennent des Romains.

Le châtaignier est originaire de la Méditerranée et pousse principalement dans les régions chaudes. On le trouve souvent dans les parcs et les jardins.

Platane commun

fleurit en mai et atteint 35 m de haut

Le platane commun, ou platane à feuilles d'érable, est un grand arbre majestueux. Les feuilles palmées en forme de main sont semblables à celles de l'érable plane, mais elles ont un plus long pétiole. Les nervures de la face inférieure sont duveteuses. Les fruits en forme de boules pendent sur l'arbre jusqu'à l'hiver. L'écorce du tronc est caractéristique avec son aspect peau de serpent gris et vert.

Le savais-tu ?

Les fleurs mâles et femelles sont distinctes. Les inflorescences mâles sont petites, vertes et en forme de boules, les inflorescences femelles sont plus grosses, rougeâtres et également en forme de boules. Pour d'autres espèces, il existe même des arbres mâles et des arbres femelles, par exemple l'if.

Écorce

Comme le platane croît très rapidement et qu'il est peu sensible à la pollution de l'air, ainsi qu'aux tailles sévères, on le plante dans les parcs et en alignement le long des rues. On ne le trouve pas en forêt.

Érable plane

fleurit en avril-mai et atteint 15 à 30 m de haut

L'érable a de grandes feuilles palmées, aux extrémités longues et pointues. Quand on coupe le pétiole, il en sort une substance laiteuse. Au printemps, les fleurs jaune-vert apparaissent avant les feuilles. Les fruits ont des ailes quasiment horizontales et tombent le plus souvent après les feuilles en automne.

Le savais-tu ?

En automne, quand les jours raccourcissent et que les nuits deviennent plus froides, les arbres se préparent pour l'hiver. Ils puisent dans les feuilles tous les éléments nutritifs importants et les stockent dans les racines, le tronc et les bourgeons. Les feuilles deviennent alors jaunes ou rouges. Elles finissent par tomber.

Jouer dans les feuilles d'automne : quel plaisir !

L'érable pousse dans les forêts légèrement humides, au sol riche. On le plante volontiers dans les parcs et les jardins.

Érable sycomore

fleurit en avril-mai et atteint 20 à 30 m de haut

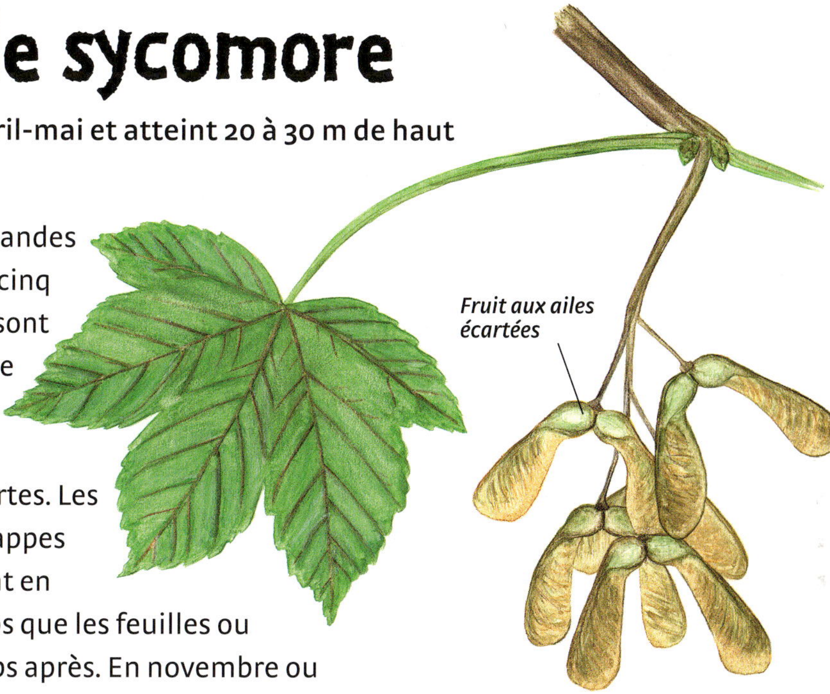

Les grandes feuilles ont cinq lobes. Elles sont dentées et se terminent par des pointes courtes. Les fleurs en grappes apparaissent en même temps que les feuilles ou peu de temps après. En novembre ou décembre tombent les fruits aux ailes écartées.

L'érable sycomore pousse surtout en moyenne altitude et dans les Alpes presque jusqu'à la limite des arbres. Il aime l'air frais et humide. On le trouve également dans les forêts de feuillus classiques, dans les parcs ou en alignement.

Travaux pratiques !

Avec les feuilles d'érable, tu pourras réaliser de belles choses. Ramasse quelques belles feuilles d'automne. Tu pourras ainsi réaliser des collages. Tu peux également réaliser une impression. Pour ce faire, peins un des côtés de la feuille d'érable avec de la peinture à l'eau et appuie-la contre une feuille de papier. La technique de projection avec une brosse à dents donne également de beaux résultats. Avec la brosse, asperge de la peinture sur la feuille d'érable, puis retire celle-ci pour admirer les beaux contours que tu as obtenus.

Érable champêtre

fleurit en avril-mai et atteint 5 à 15 m de haut

Fruit presque horizontal

Les feuilles de l'érable champêtre ont entre trois et cinq lobes arrondis. Elles peuvent atteindre 10 cm de long. Les petites fleurs apparaissent au printemps en même temps que les feuilles. À la fin de l'été, on remarque les fruits aux ailes quasiment horizontales.

L'érable champêtre pousse dans les forêts riches en herbacées, les bosquets champêtres et les haies. Il n'aime pas trop les sols humides.

Le savais-tu ?

Les fruits de l'érable champêtre, qui sont appelés des samares, volent comme des hélicoptères miniatures. Tu n'as qu'à en jeter par la fenêtre pour t'en rendre compte. Tu verras leurs ailes tourner et lentement tomber au sol. Le vent se chargera ensuite de les emporter au loin.

Aubépine monogyne

fleurit en mai-juin et atteint 2 à 10 m de haut

Coup de projecteur !

L'aubépine à deux styles est une espèce très ressemblante. En regardant attentivement les fleurs, on observe deux pistils femelles. Quand les fruits farineux sont mûrs, ils contiennent également deux noyaux. Les feuilles sont plus larges en haut qu'à la base et moins fortement découpées que celles de l'aubépine monogyne.

L'aubépine est un arbuste épineux très touffu, qui atteint rarement la taille et la forme d'un arbre. Ses feuilles sont le plus souvent à cinq lobes, lesquels sont découpés jusqu'aux nervures. Les fleurs sont d'un blanc éclatant. Les fruits rouges et ovales sont mûrs à partir du mois de septembre et ne contiennent qu'un seul noyau.

On trouve principalement l'aubépine dans les haies des champs et les buissons, ainsi qu'aux lisières des forêts. Mais il arrive aussi de la voir orner les parcs et les jardins naturels.

Viorne obier

toxique

fleurit en mai-juin et atteint 2 à 5 m de haut

Cet arbuste possède de grandes feuilles ayant entre trois et cinq lobes. La face inférieure des feuilles est duveteuse, le contour irrégulier, avec des dents prononcées. Les grandes ombelles ont à l'extérieur de grandes fleurs blanches scintillantes. Au milieu se trouvent de petites fleurs jaunâtres, qui produisent des baies rouges luisantes en automne. Elles sont toxiques !

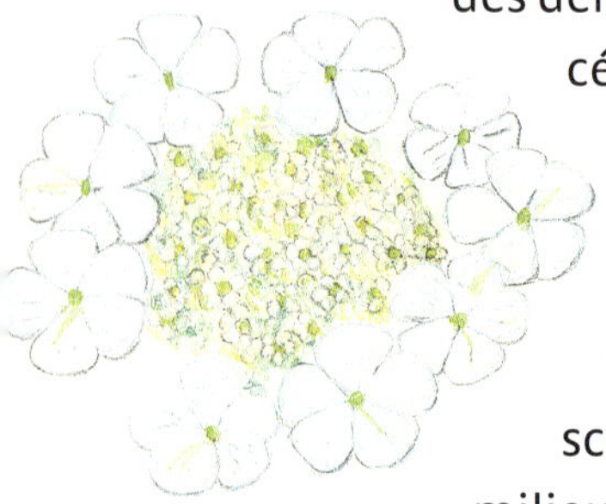

Coup de projecteur !

La viorne obier attire les pucerons, notamment le « puceron noir de la fève », qui y pond ses œufs à l'automne. Les œufs passent tout l'hiver sur les branches. Au printemps, les jeunes pucerons se nourrissent des nouvelles feuilles, mais ensuite ils colonisent des plantes herbacées. Peut-être pourras-tu toi aussi en découvrir !

La viorne obier pousse principalement sur sol humide, sur les berges de ruisseaux et de rivières, dans les lisières ombragées des forêts et dans les haies. On la plante aussi dans les parcs et les jardins pour ses fleurs et ses fruits décoratifs.

Chêne sessile

glands légèrement toxiques

fleurit en avril-mai et atteint 20 à 40 m de haut

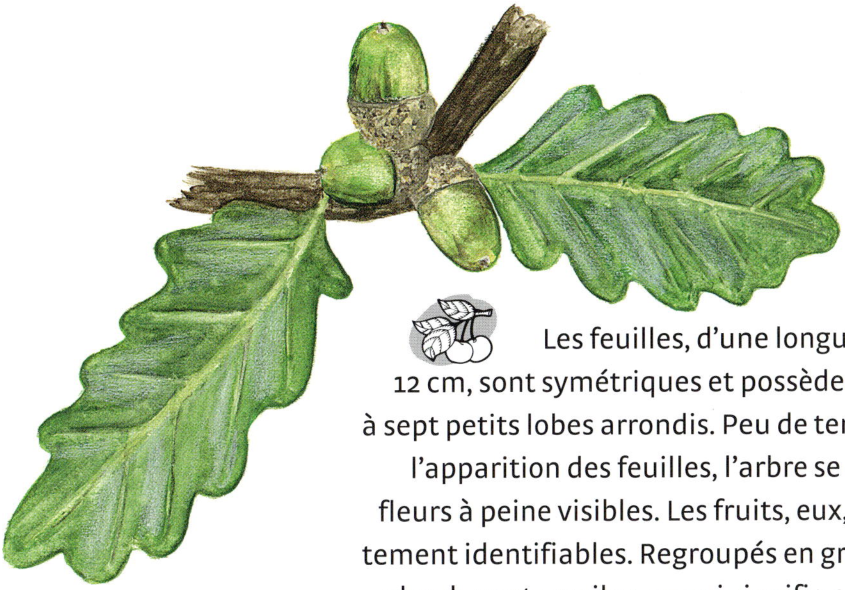

Les feuilles, d'une longueur de 8 à 12 cm, sont symétriques et possèdent de cinq à sept petits lobes arrondis. Peu de temps après l'apparition des feuilles, l'arbre se couvre de fleurs à peine visibles. Les fruits, eux, sont nettement identifiables. Regroupés en grappes, les glands sont sessiles, ce qui signifie qu'ils n'ont pas de pédoncule, ou très peu.

Le chêne sessile est très répandu dans les forêts. On le plante également dans les parcs et les cimetières.

Coup de projecteur !

Sur la face inférieure des feuilles, on trouve parfois de petites boules. Une galle-cerise du chêne y a pondu ses œufs, qui donneront des larves puis des galles. La galle est composée pour moitié de tannin. Autrefois, on la mélangeait au sulfate de fer pour obtenir une teinture noire naturelle.

Galle-cerise sur une feuille

Chêne pédonculé

glands légèrement toxiques

fleurit en avril-mai et atteint 20 à 40 m de haut

Ses feuilles ressemblent beaucoup à celles du chêne sessile, mais elles sont moins symétriques et les lobes sont plus prononcés. Les fleurs, à peine visibles, apparaissent peu après les feuilles. Les glands ont un long pédoncule, d'où le nom que l'on a donné à l'arbre.

Coup de projecteur !

Les chênes peuvent vivre plus de 1 000 ans. Quasiment aucun feuillu européen n'atteint cet âge. Pour déterminer l'âge d'un arbre, il faut compter les cernes (anneaux de croissance) du tronc. Trouve la souche d'un arbre récemment abattu pour observer les anneaux annuels, tantôt clairs, tantôt sombres. Au printemps et en été, la croissance est forte et le bois est plus clair, tandis qu'en automne la croissance très lente produit un anneau plus sombre.

Le chêne pédonculé est un habitué de nos forêts, mais on le trouve aussi dans les parcs et les cimetières.

Peuplier blanc

fleurit en mars-avril et atteint 15 à 30 m de haut

La face inférieure des feuilles est couverte d'un épais duvet blanc. Elles ont de trois à cinq lobes et des dents prononcées sur le contour. Cette espèce comporte des arbres mâles et femelles. Les chatons apparaissent avant les feuilles. Les petites graines sont contenues dans une capsule blanche, qui vers fin mai-début juin vole au vent comme de la ouate.

Le savais-tu ?

Le bois du peuplier blanc est très léger, doux et crevassé. Il n'a pas grande valeur commerciale. On l'utilise pour le papier, les allumettes, les caisses d'emballage ou les cure-dents. Les sabots de bois hollandais sont également sculptés dans ce bois.

Le peuplier blanc pousse avant tout dans les prés longeant les rivières, s'ils ne sont pas trop souvent inondés. C'est aussi un habitué des parcs.

Peuplier tremble ou tremble

fleurit en mars-avril et atteint 30 m de haut

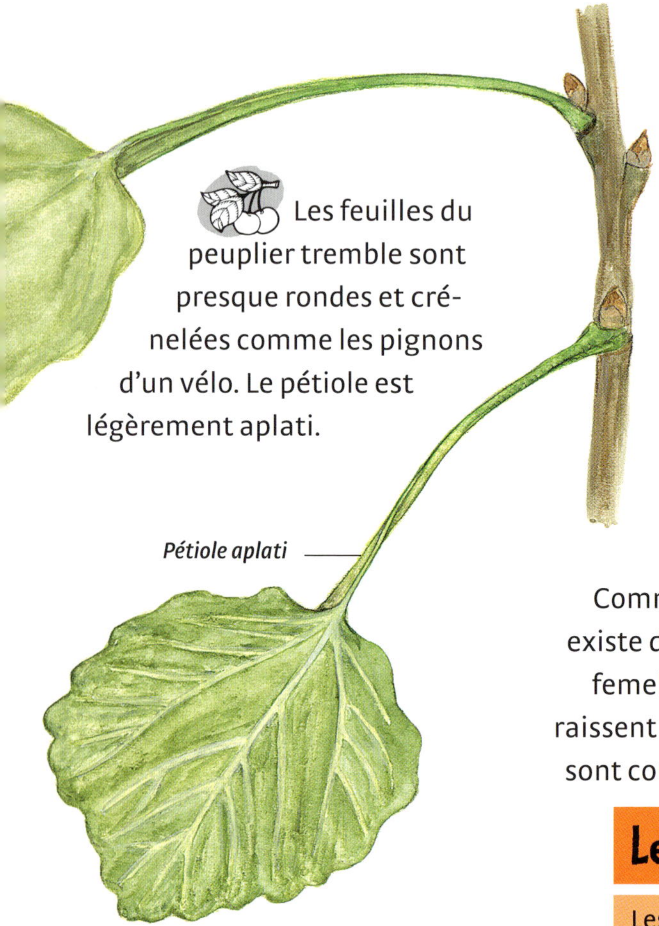

Les feuilles du peuplier tremble sont presque rondes et crénelées comme les pignons d'un vélo. Le pétiole est légèrement aplati.

Comme chez le peuplier blanc, il existe des arbres mâles et d'autres femelles, dont les chatons apparaissent avant les feuilles. Les fruits sont couverts de duvet cotonneux.

Le tremble pousse surtout là où le sol n'est pas utilisé, dans les terres en friche, les clairières récentes, les carrières, les bords de chemin et les lisières de forêt.

Le savais-tu ?

Les feuilles du peuplier tremble s'agitent au moindre souffle de vent. Ceci est dû au long pétiole particulièrement aplati. En s'agitant, les feuilles produisent un bruit caractéristique, comme un doux murmure.

Ginkgo

fleurit en mars-avril et atteint 35 m de haut

La feuille du ginkgo est attachée à son long pétiole à la manière d'un petit éventail vert. Les nombreuses nervures parallèles sont uniques en leur genre. Le bord est irrégulier. Il existe des arbres mâles et des arbres femelles. Mais on ne plante quasiment que des mâles, car les fruits ronds, jaune-vert, de l'arbre femelle ont une odeur désagréable.

Le savais-tu ?

Le ginkgo est un véritable fossile vivant. Il existait déjà il y a 180 millions d'années, au temps des dinosaures. Même si ses feuilles ressemblent à celles des autres arbres feuillus, il appartient au groupe des épineux. Il y a 180 millions d'années, il n'y avait pas encore de feuillus. Le ginkgo est le seul épineux dont les aiguilles plates ont l'aspect de feuilles. En Extrême Orient, le ginkgo est un arbre vénéré comme un Dieu. Il est symbole d'amour, d'espoir et de longévité. On l'utilise en médecine chinoise.

À l'origine, le ginkgo vient d'une petite région de l'est de la Chine. Chez nous, on le trouve dans les parcs et les jardins.

Frêne

fleurit en avril-mai et atteint 40 m de haut

La feuille du frêne se compose de neuf à treize folioles. Ces folioles, ovales et élancées, sont dentées sur le bord. Les petites fleurs apparaissent avant les feuilles. Les fleurs groupées en touffes restent sur l'arbre pendant l'hiver. Comme pour l'érable, les samares ailées sont disséminées par le vent. En hiver, les bourgeons noirs sont également très reconnaissables.

Le savais-tu ?

Avec ses 40 mètres de hauteur, le frêne est un des arbres les plus hauts dans nos régions. La taille maximale pour un arbre est de 130 mètres. Au-delà, l'eau ne peut plus être hissée. Comme l'arbre transpire par ses feuilles, il lui faut en permanence remplacer cette eau, qui doit remonter à partir des racines. À partir d'une certaine hauteur, cela n'est tout simplement plus possible.

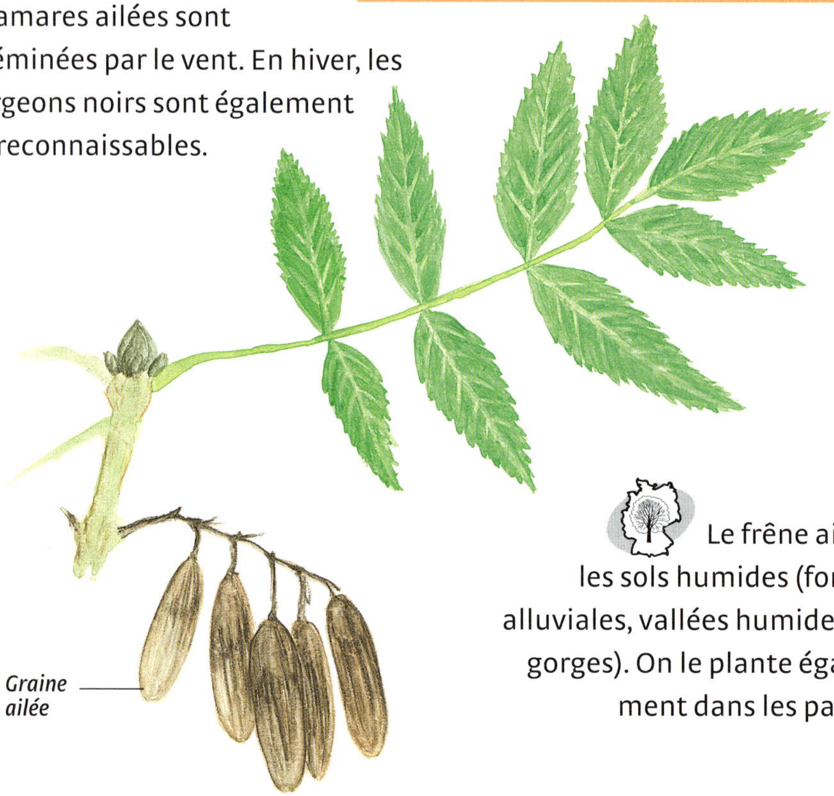

Le frêne aime les sols humides (forêts alluviales, vallées humides et gorges). On le plante également dans les parcs.

Noyer

fleurit en mai et atteint 30 m de haut

Les folioles sont au nombre de cinq à neuf. Elles sont luisantes et ont un bord lisse. Les fleurs mâles et femelles n'apparaissent souvent qu'au début mai, en même temps que les feuilles. Les noix sont des fruits ronds et verts, dont la bogue se fend en septembre pour laisser apparaître le fruit typique que nous connaissons bien : la noix.

Nous devons le noyer aux Romains. On le plante volontiers dans les parcs et jardins. On peut le trouver aussi en lisière de forêt et dans les forêts alluviales, en particulier dans les régions viticoles.

Coup de projecteur !

Observe la végétation qui se trouve sous l'arbre. Les feuilles de noyer contiennent une substance toxique, qui se libère dans le sol quand elles tombent et agit sur la croissance des plantes environnantes. Les avantages d'un noyer dans le jardin ne se résument pas aux délicieux fruits. Les feuilles odorantes sont également capables d'éloigner les mouches et les moucherons indésirables.

Robinier ou faux acacia

légèrement toxique

fleurit en mai-juin et atteint 25 m de haut

Les feuilles du robinier présentent jusqu'à 23 folioles. Ces dernières sont ovales et élancées et ont un bord lisse. La base des feuilles est garnie de deux longues épines pointues. Les fleurs pendent en grappes blanches et sont très odorantes. Les abeilles y puisent un nectar abondant pour produire le délicieux miel d'acacia.

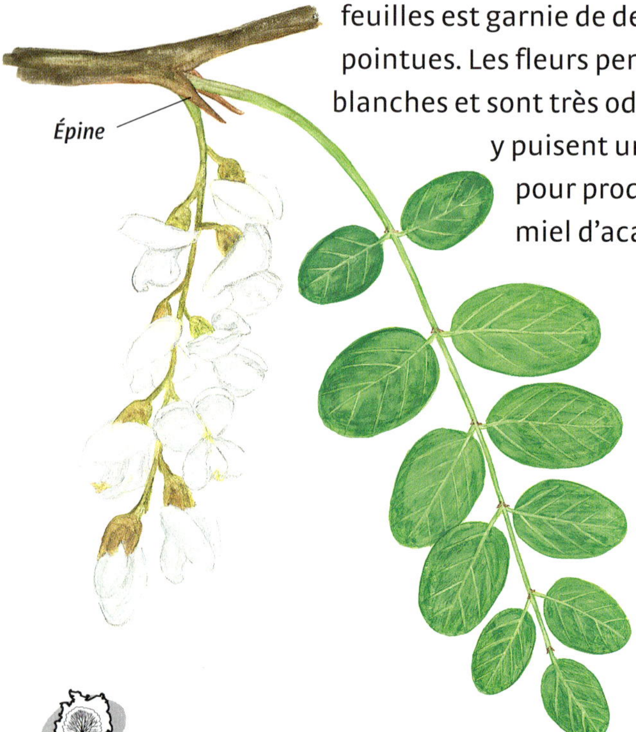

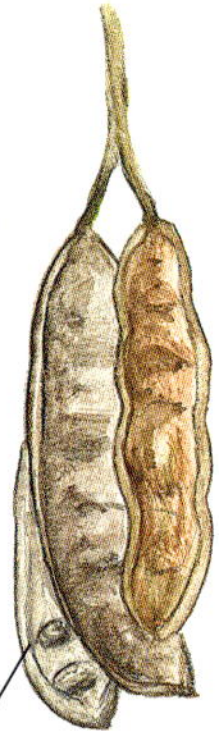

Gousse à graines, 10 cm de long

Le robinier est originaire d'Amérique du Nord. Il a été introduit en Europe il y a environ 400 ans. On le plante dans les parcs, les jardins et le long des routes. Il s'est propagé aux lisières de forêt, aux terrains dégradés et aux pentes boisées sèches.

Le savais-tu ?

L'écorce du robinier est parcourue de sillons profonds. Tu y trouveras des noyaux de graine, des faines ou des noisettes broyées. Mais d'où ces fruits peuvent-ils bien provenir ? Les sittelles, mésanges et piverts y ont entreposé des réserves de nourriture. Pour ces oiseaux, c'est également l'endroit idéal pour décortiquer ces fruits.

Le savais-tu ?

Les baies rouges du sorbier sont amères et âpres. Si l'on en mange une grande quantité, gare aux maux d'estomac, car elles sont légèrement toxiques. Après les premières gelées, ou si on les cuit, elles s'adoucissent un peu et peuvent servir à faire de la confiture. L'hiver, ce sont surtout les grives qui raffolent de ces baies riches en vitamines. Laisse-leur donc cet en-cas dont elles ont besoin à cette saison. Sur la photo, on peut voir une pie-grièche.

Sorbier des oiseaux

fleurit en juin-juillet et atteint 20 m de haut

Les feuilles font de 15 à 20 cm. Les 9 à 17 folioles sont élancées et ont un bord finement denté. Au printemps, les feuilles ont l'odeur de la pâte d'amande si on les broie.

Cet arbre robuste a une croissance rapide. On le trouve facilement dans les forêts clairsemées, les zones partiellement déboisées et les lisières de forêts. Ses fleurs et fruits décoratifs en font également un habitué des parcs et des jardins.

Sureau noir

toxique, sauf les fleurs et baies mûres

fleurit en mai-juin et atteint 10 m de haut

Le sureau noir pousse presque toujours sous une forme arbustive. Les feuilles ont en général cinq folioles de même taille. Elles sont ovales et élancées, avec un bord finement denté. À partir de mai, l'arbuste se couvre d'ombelles blanches au parfum délicat. Les baies noires sont mûres en août et très appréciées des oiseaux.

Le savais-tu ?

De nombreuses légendes entourent le sureau. Il est l'arbre de la vie et de la mort. C'est aussi l'arbre du chiffre 13. Autrefois, notamment en Bretagne, on le plantait dans les jardins car on considérait qu'il protégeait les maisons. Avec les fleurs, on confectionne un délicieux sirop. Avec les baies, on fait de la confiture ou du coulis. Le sureau a également des vertus curatives contre les refroidissements et la fièvre.

Le sureau se sent bien dans les lieux légèrement humides. On le trouve en lisière de forêt, dans les bosquets champêtres et les forêts alluviales. On le trouve encore régulièrement dans les cours de ferme, les jardins et autour des granges isolées.

Marronnier

fleurit en avril-mai et atteint 25 m de haut

Les feuilles sont reconnaissables. Composées de cinq à sept folioles, elles ressemblent à des mains. Les fleurs sont également caractéristiques avec leurs thyrses de forme pyramidale. À partir de septembre, on trouve au pied de l'arbre les fruits entourés d'une capsule hérissée de pointes. Chaque capsule renferme un à trois marrons.

Le marronnier est originaire des forêts des Balkans. Depuis le 16e siècle, on le plante également dans le reste de l'Europe. Il se trouve principalement dans les parcs et le long des chaussées. Mais il a également colonisé les forêts proches.

Travaux pratiques !

On ne peut pas manger les marrons, pourtant nutritifs, car ils sont légèrement toxiques. Les sangliers ou les chevreuils les digèrent beaucoup mieux que nous. Il vaut donc mieux les leur laisser. Les marrons sont en revanche parfaits pour les travaux manuels. Il est possible de réaliser plein de personnages rigolos.

Épicéa ou sapin rouge

fleurit en mai-juin et atteint 50 m de haut

Les aiguilles quadrangulaires sont raides et pointues. Serrées les unes contre les autres, elles sont disposées autour du rameau. Les cônes mâles et femelles poussent sur les rameaux du haut. Contrairement au sapin, les cônes sont pendants.

L'habitat naturel de l'épicéa est la montagne, où il pousse au-delà de 800 m d'altitude. L'épicéa est facile à planter et sa productivité est optimale. C'est pour ces raisons qu'il couvre aujourd'hui un tiers de nos forêts. C'est l'espèce la plus répandue.

Coup de projecteur !

Observe attentivement les cônes tombés de l'arbre. Certains ont été grignotés par des animaux. Les traces laissées par le grignotage te permettent de déterminer de quel animal il s'agit. Observe de quelle façon les cônes sont mangés. Les souris rongent les écailles proprement pour atteindre les graines. Les écureuils laissent quelques fibres. Quant aux piverts, ils déchiquètent les écailles, qui restent en l'état sur le cône.

Sapin blanc ou sapin commun

fleurit en avril et atteint 50 m de haut

Le savais-tu ?

Le sapin blanc est également connu grâce au miel de sapin, au goût un peu âcre. Cependant, les abeilles n'extraient pas le nectar des fleurs, mais le soutirent aux pucerons. Ces pucerons sucent en effet la sève de l'arbre grâce à leurs trompes et en rejettent une partie sous forme de miellat. Les abeilles le récupèrent pour en faire du miel. As-tu déjà goûté du miel de sapin ?

Contrairement à l'épicéa très piquant, les aiguilles du sapin blanc sont plates et souples. Sur le dessus, elles sont vert foncé, sur la face inférieure elles présentent deux bandes blanches. Les cônes se dressent sur les rameaux à la manière de bougies sur un sapin de Noël. L'arbre doit son appellation à la teinte gris clair de son écorce.

Le sapin blanc est un arbre typique des régions montagneuses, notamment des Alpes, où on le trouve en altitude moyenne. Malheureusement, c'est un arbre très sensible. La pollution atmosphérique lui est parfois fatale.

Le savais-tu ?

De nos jours, les arbres de Noël sont le plus souvent des sapins du Caucase. Les aiguilles ne brunissent pas et restent longtemps vertes sur l'arbre. C'est un avantage que beaucoup apprécient. De plus, l'arbre n'est pas piquant. On l'appelle aussi sapin de Nordmann ou sapin de Crimée.

Pour le transport, les sapins sont entourés d'un filet.

Sapin du Caucase

fleurit en avril-mai et atteint 40 m de haut

Les aiguilles du sapin du Caucase ressemblent fortement à celles du sapin blanc, mais elles sont plus denses et entourent véritablement le rameau. Quand on les broie, elles ont de plus un parfum légèrement fruité. Les fleurs et les cônes dressés se situent à la cime de l'arbre.

Ce sapin a été découvert dans le Caucase en 1836. Là-bas, il peut atteindre 60 m de haut. Chez nous, on le plante dans les parcs et on en fait des arbres de Noël.

Mélèze européen

fleurit en mars-avril et atteint 40 m de haut

Les aiguilles tombent en automne. Vert clair et souples, elles poussent en petites rosettes sur le rameau. Les fleurs femelles sont rougeâtres et dressées, tout comme les petits cônes. Les cônes ne tombent qu'au bout de quelques années avec les rameaux.

Le mélèze est une espèce de haute montagne. Le froid glacial et la chaleur qui règnent en altitude lui conviennent parfaitement. Ses belles couleurs automnales en font un arbre privilégié de nombreux parcs, jardins et forêts.

Le savais-tu ?

Le bois de mélèze est recherché. Comme il résiste à l'humidité, aux champignons et à la moisissure, on l'utilise fréquemment pour des travaux de fondation et en milieu immergé. La plupart des constructions en bois, des terrasses et des toits de bardeaux sont en mélèze. Avec le temps, il prend une légère teinte grise assez jolie.

Pin sylvestre

fleurit en avril-mai et atteint 40 m de haut

Les aiguilles du pin sylvestre font 4 à 8 cm de long et sont groupées par deux. Elles sont légèrement courbées et semi-circulaires en coupe transversale. Les fleurs mâles produisent tellement de pollen qu'un nuage jaune se forme quand on secoue une branche. Les graines que renferment les cônes ne sont mûres qu'au bout de deux ans. L'écorce rougeâtre présente de grosses plaques et écailles, qui se détachent facilement, formant parfois des lambeaux fins comme du papier.

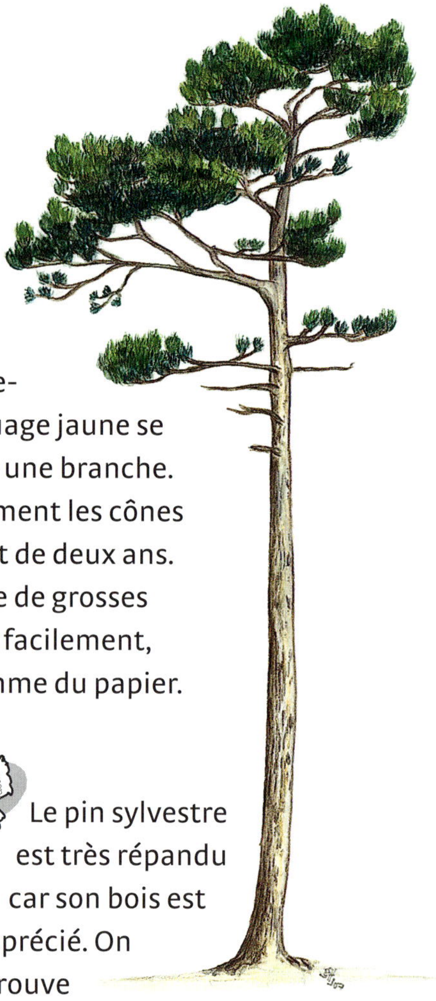

Le savais-tu ?

Le pin sylvestre n'est pas seulement utilisé pour son bois. À partir des aiguilles, on fabrique une essence qui permet de soigner les rhumes. Elle est également utilisée pour les inhalations dans le cas d'un rhume de cerveau. On peut aussi en verser dans un bain chaud.

Le pin sylvestre est très répandu car son bois est apprécié. On le trouve sur des sols sableux, où les autres espèces ont du mal à pousser. Le pin sylvestre n'a pas besoin de beaucoup d'eau et n'a pas de grandes exigences. On le trouve dans les parcs et les jardins.

Le savais-tu ?

Autrefois, les forêts d'ifs étaient très répandues. Au Moyen Âge, son bois à la fois robuste et souple était très prisé, car il servait à la fabrication d'armes telles que les lances, les arcs et les arbalètes. Par la suite, les plantations ont nettement diminué. On le trouve sous forme de haies.

If

très toxique

fleurit en février-avril et atteint 25 m de haut

Les aiguilles de l'if sont plates et ne piquent pas. La face supérieure est vert foncé et la face inférieure ornée de deux bandes claires. Il existe des arbres mâles et des arbres femelles. Au printemps, on reconnaît facilement les arbres femelles grâce à leurs fruits rouges et luisants.

Le noyau est entouré d'un arille rouge. Attention : toutes les parties de l'arbre sont très toxiques. Seule la pulpe rouge entourant le noyau est comestible. Les oiseaux s'en régalent.

L'if est largement répandu en Europe, mais on le trouve rarement en forêt. C'est en revanche un habitué des parcs et des jardins, où il est souvent planté sous forme de haie. Les ifs peuvent devenir très vieux. On connaît un if en Écosse qui a environ 3 000 ans.

Genévrier

légèrement toxique

fleurit en avril-mai et atteint 10 m de haut

Son port vertical est caractéristique. Les aiguilles très piquantes sont regroupées par trois et verticillées (disposées en cercle sur un même axe). Une bande blanc-gris parcourt le milieu de l'aiguille. Les petites fleurs mâles se remarquent à peine. À partir des fleurs femelles se développent en automne des petits cônes bleu foncé en forme de baies.

Le genévrier est très répandu. Il pousse sur les anciennes prairies à moutons ou sur des landes. Comme les moutons ou les chèvres ne grignotent pas les aiguilles piquantes, les arbustes croissent de la meilleure façon. Il supporte les sols pauvres.

Le savais-tu ?

Contrairement aux moutons et aux chèvres, qui dédaignent le genévrier, nous utilisons les baies de cet arbuste en cuisine. Avec le bois du genévrier, on peut fumer du poisson et du jambon. Les baies aromatiques servent fréquemment de condiment. Mais tu ne dois jamais les manger crues !

Thuya

toxique

fleurit en avril-mai et atteint 20 m de haut

Les feuilles sont en forme d'écailles et aplaties. Si leur face supérieure est vert mat, leur face inférieure est beaucoup plus claire. Si tu les frottes entre tes mains, tu sentiras une odeur de pomme et de clou de girofle. Les fleurs mâles et femelles se remarquent à peine. En automne, les petits cônes écaillés viennent à maturité.

Le savais-tu ?

Le thuya est une des espèces les plus utilisées pour les haies car il se laisse facilement tailler. Malheureusement, la faune locale n'en tire pas bénéfice. Il est en effet toxique. Pour un jardin soucieux de l'environnement, il est préférable de planter des essences locales, par exemple des ifs, des prunelliers, des cornouillers ou des charmes. Les animaux y trouveront de la nourriture et tu pourras les observer facilement.

Le thuya est originaire d'Amérique du Nord. Il a été introduit en Europe au 16e siècle. Il orne une multitude de parcs, jardins et cimetières.

Feuilles à bord lisse

Hêtre pourpre
p. 8

Bourdaine
p. 9

Cornouiller mâle
p. 10

Feuilles à bord denté

Saule argenté
p. 14

Saule fragile
p. 15

Fusain d'Europe
p. 16

Cerisier des oiseaux
p. 20

Pommier
p. 21

Orme de montagne
p. 22

Alisier blanc
p. 26

Noisetier
p. 27

Charme
p. 28

Châtaignier
p. 32

Cornouiller sanguin
p. 11

Poirier
p. 12

Saule marsault
p. 13

Prunellier
p. 17

Prunier
p. 18

Merisier à grappes
p. 19

Orme champêtre
p. 23

Tilleul à petites feuilles
p. 24

Tilleul à grandes feuilles
p. 25

Aulne glutineux
p. 29

Peuplier noir
p. 30

Bouleau verruqueux
p. 31

Feuilles à bord lobé

Platane commun
p. 33

Érable plane
p. 34

Érable sycomore
p. 35

Chêne sessile
p. 39

Chêne pédonculé
p. 40

Peuplier blanc
p. 41

Feuilles composées

Frêne
p. 44

Noyer
p. 45

Robinier
p. 46

Aiguilles

Épicéa
p. 50

Sapin blanc
p. 51

Sapin du Caucase
p. 52

Genévrier
p. 56

Thuya
p. 57

Index

Crédits

Illustrations de Sonja Schadwinkel

Photos en couleurs :
Rimantas Abromas/Dreamtime.com (p. 36), Gottfried Auer, www.dirndital.at, www.rabenstein.gv.at (p. 23), von Bcollet/Dreamtime.com (p. 56), Dr. Heiko Bellmann (p. 19, p. 27, p. 39), Martina Berg/Fotolia (p. 6 gauche), Nigel Cattlin/Holt Studios/OKAPIA (p. 29), Paul Cowan/Dreamtime.com (p. 21), Ewe Degiampietro/Fotolia (p. 18), Elena Elisseeva/Dreamtime.com (p. 32), Sonya Etchison/Dreamtime.com (p. 34), Farek/Dreamtime.com (p. 43), Ferdl/Fotolia (p. 13), de Julia Freeman – Woolpert/Dreamtime.com (p. 41), fux/Fotolia (p. 57), Nemanja Glumac/Dreamtime.com (p. 40), Stu Griffith/Dreamtime.com (p. 15), Petra Gurtner/Fotolia (p. 33), Liebgard Jennerich (p. 52), Adam Klees (p. 42), Tamara Kulikova/Dreamtime.com (p. 35), Blaz Kure/Dreamtime.com (p. 28), Jens-Peter Laub/OKAPIA (p. 6 droite), Hans E. Laux (p. 14), Werner Layer/OIKAPIA (p. 30), von Jinyoung Lee/Dreamtime.com (p. 16), Alfred Limbrunner (p. 45), Robert Maier/OKAPIA (p. 50), morpheus36/Fotolia (p. 17), Madeleine Openshaw/Dremtime.com (p. 12), Martin Partsch/OKAPIA (p. 20), Hans Reinhard/OKAPIA (p. 47), Santoso6/Dreamtime.com (p. 49), Christian Schön/Tourismusverein Bordesholmer Land (p. 25), Andrej Semenov/Dreamtime.com (p. 53), Wally Stemberger/Dreamtime.com (p. 9), Tatarszkij/Dreamtime.com (p. 55), Marlena Zagajewska/Dreamtime.com (p. 54)

Symboles de Sigfrid Walter